AF313749

Vente des Mardi 24, Mercredi 25 et Jeudi 26 Février 1880,

HOTEL DROUOT, SALLE N° 9

TABLEAUX

ANCIENS ET MODERNES

AQUARELLES, SÉPIAS & DESSINS

GRAVURES ET LITHOGRAPHIES

OBJETS D'ART ET DE CURIOSITÉ

FAISANT PARTIE

Des collections de feu M. le Baron TAYLOR

EXPOSITION PUBLIQUE

Le Lundi 23 Février 1880

DE UNE HEURE A CINQ HEURES.

COMMISSAIRES-PRISEURS

Me CHARLES PILLET | Me G. COULON
10, rue de la Grange-Batelière. | 20, rue Lamartine.

EXPERTS

M. E. FÉRAL, PEINTRE | M. CH. MANNHEIM
54, Faubourg-Montmartre. | 7, rue Saint-Georges.

NOTICE

DE

TABLEAUX

ANCIENS & MODERNES

AQUARELLES, SÉPIAS ET DESSINS

GRAVURES ET LITHOGRAPHIES

OBJETS D'ART ET DE CURIOSITÉ

FAISANT PARTIE

Des Collections de feu M. le Baron TAYLOR

DONT LA VENTE AURA LIEU

HOTEL DROUOT, SALLE Nᵒ 9,

Les Mardi 24, Mercredi 25 et Jeudi 26 Février 1880

A DEUX HEURES ET DEMIE.

Par le ministère de Mᵉ **CH. PILLET**, Commissaire - priseur,
10, rue de la Grange-Batelière,

Et de Mᵉ **G. COULON**, son confrère, 20, rue Lamartine.
Assistés de MM. **FÉRAL**, Peintre-Expert, 54, Faubourg-Montmartre,
Et **CH. MANNHEIM**, expert, 7, rue Saint-Georges.
Chez lesquels se distribue le Catalogue.

EXPOSITION PUBLIQUE : Le Lundi 23 Février 1880

DE UNE HEURE A CINQ HEURES.

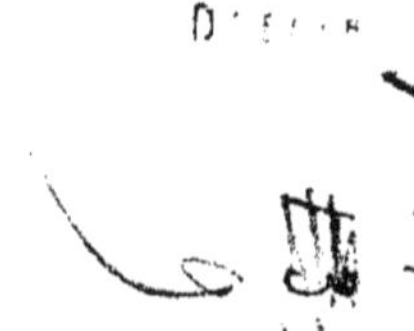

CONDITIONS DE LA VENTE

Elle sera faite au comptant.

Les adjudicataires payeront *cinq pour cent* en sus des enchères.

ORDRE DES VACATIONS

Mardi 24, Tableaux anciens et modernes.

Mercredi 25, Aquarelles, sépias, dessins, portefeuilles et albums.

Jeudi 26, Armes, objets d'art et de curiosité.

Paris. — Typ. PILLET et DUMOULIN, 5, rue des Grands-Augustins.

NOTES ARTISTIQUES

Les tableaux, dessins et curiosités présentés au public aujourd'hui, n'ont pas été rassemblée dans le but de former une collection, ils composent un ensemble de matériaux réunis par le baron Taylor au courant de sa longue carrière, lui ayant servi à établir des publications de l'importance de ses « *Voyages pittoresques et romantiques dans l'ancienne France.* » (24 vol. in-folio 4500 planches), de ses voyages en Espagne et en Portugal, en Syrie et en Egypte,

Toute une pléiade d'artistes, entraînée par lui dans le mouvement romantique de 1820 à 1840, ont été les plus zélés collaborateurs de son œuvre, qui eut pour résultat la création de la commisssion des monuments historiques.

Nous retrouvons ici les noms de :

Adam, Gentil Alaux, Alaux le Romain, Arnout, Athalin, Bachelier, Baltard, Bayot, Benoist, Bernard, Bergerat, Bichebois aîné, Ph. Blanchard, Bonington, Bourgeois, Bouton, Boys, Brascassat, Brunet de Baines, Challamel, Chapuy, Charlet, Aimé Chenavard, Cicéri, Eug. Cicéri, Glouet, Coignet, Courtin, Daguerre, Danjoy, Dassy, Dauzats, Debez, Deroy, Deveria, Dupressoir, Dumouza, Durant, Duthoit, Aug. Enfantin, Fielding, Foussereau, Fragonard, Théop. Fragonard, Fries, Gale, Garrez, Gauci, Géricault, Gigoux, Gosse, Granet, Grevedon, Gudin, Gué, Oscar Gué, Guiard, Guillemot, Haghe, Harding, Harris, Hibon,

Hostein, Hubert, Paul Huet, Ingres, J. Isabey, Eug. Isabey, Jacotet, Jaime, Jaubert de Passa, Joly, Jorand, Justin, Lacroix, Langlois, Émile Lassale, Lassus, Laurence, Lebel, Leblanc, Leborne, Lecamus, Hipp. Lecomte, Aubry Lecomte, Léger, Lemaître, Leroux, Lesaint, Letellier, Lion, Llanta, Marnotte, Massé, Mathieu, Mauzaize, Mayer, Michalon, Mœnch, Monthélier, Muller, C. Nanteuil, Nicolle, Léon Noel, Nouveaux, Ollivier, Ouvrié, Percier, Perlet, Victor Petit, Picot, Poupard, P. Poulet, Proust, Regnier, Rémond, Renoux, Robert, Sabatier, Signol, Smith, Thiénon, Thomas, Thompson, Tirpenne, Truchot, Turpin de Crissé, Vagner, Valton, Vauzelle, Carle Vernet, Horace Vernet, de Vèze, Vigneron, Villemin, Villeneuve, Viollet-le-Duc, Visconti, Watelet, Weber.

De nombreuses productions de la plupart de ces artistes figurent dans les cartons, portefeuilles et albums mis en vente.

Daguerre et Bouton, encouragés par lui, se livrèrent à des recherches qui aboutirent pour l'un à la découverte qui l'a immortalisé, et pour l'autre au perfectionnement et à la vulgarisation des lois de la perspective et de la distribution de la lumière qui ont donné naissance en France aux Dioramas et Panoramas.

Quelques œuvres de ces deux artistes figurent à notre notice.

Danzats et Justin Ouvrié, dirigés par le baron Taylor, dès leur enfance, ont laissé dans son œuvre une trace profonde dont nous pouvons constater l'importance dans la collection qui nous occupe.

Peu soucieux de créer une galerie, alors qu'à son retour d'Espagne (1835-1837) et après avoir formé le musée espagnol, la tâche lui eût été si facile, il s'était entouré de souvenirs, et ce sont ses maîtres, ses collabo‑ rateurs et ses amis que nous retrouvons aujourd'hui grou‑ pés autour de son nom, qui pour la première fois est pro‑ clamé pour la médaille au Salon de 1824.

Élève de Suvé, de Degoty et d'Alaux, la décoration et la perspective théâtrale devaient d'abord l'attirer, aussi est-ce à l'archéologie dans ce qu'elle a de plus décoratif, que nous le retrouvons fidèle toute sa vie artistique, aussi bien en Europe qu'en Orient.

Les innovations qu'il avait introduites dans la décora‑ tion au Panorama dramatique avec Alaux (1814, 1820), lui permirent plus tard de porter une main hardie à la mise en scène de la Comédie-Française (1825, 1835), et le com‑ missaire du roi ne se fit pas faute d'y appliquer ses idées nouvelles.

Artiste et soldat, la campagne d'Espagne, qu'il fit en qualité d'officier d'état-major le mit en goût, et c'est accompagné d'Oscar Gué, Blanchard et Dauzats qu'il parcourut à nouveau la Péninsule (1835, 1837, 1843). Quantité de croquis, sépias et aquarelles qui figurent ici, viennent attester du gigantesque travail qu'il avait entre‑ pris, en voulant sauver de l'oubli en France et en Es‑ pagne, les monuments historiques et pittoresques, mena‑ cés de disparaître par l'effort des hommes et du temps.

Soixante-trois ans durant, il continua ses soins à cet ouvrage, qui présente cette [particularité d'avoir pris la lithographie à son début en France, avec Senefelder et Engelmann et de l'avoir conduit jusqu'à son apogée, dans les dernières livraisons parues en 1877, et ce n'est que vaincu par la maladie, quelques mois avant sa mort, qu'il abandonna la plus chère de ses occupations.

Alexandre et Théophile Fragonard, Nouveaux, Villeneuve, Eug. Ciceri, Lobin, A. Johannot, Hip. Bellangé, Baptiste, Durand - Brager, Lottier, Joly, Pils, Gudin, Girard, Anastasi, Athalin, Dorsay, Pradier, Thiénon, Hirchwiller, Cordouan, Célestin Nanteuil, Liogier, E. Sagot, Sabatier, Borny, Hirts, Langlois, Xavier Leprince, Isabey, Wattier, Hildebrandt, Jongkind, Catremole, Calöw. dont les œuvres nous entourent, forment cortége à sa mémoire. et proclament le goût et l'intelligence artistiques si puissamment développés dans cette organisation exceptionnelle, qui fournit plusieurs carrières avec un égal éclat.

DÉSIGNATION

TABLEAUX

ANCIENS ET MODERNES

BOURGUIGNON

(Genre de)

1 — **Bataille.**

BOUTON

2 — **Le Cours d'eau.**

BOUTON

(DEUX PENDANTS

3 — **Intérieur de cloître.**

BREUGHEL

1 — Paysage avec figures et animaux.

CLOUET (JANET)

(Attribué à)

5 — Portrait de Marie Stuart.

Cadre remarquable, orné de la couronne royale,
de chimères et de haches.
Ornementation cuivre.

CICERI

(E.)

6 — Le Mont Saint-Michel.

CICERI

(E.)

7 — Au bord d'une rivière.

DEBORD

8 — Vue de Suisse.

DELACROIX

(Genre d'EUGÈNE)

9 — **Édouard, fils d'Edouard III, prince de Galles, dit le Prince Noir.**

Costume de guerre.

DOSSI DOSSO

10 — **Saint Jean.**

EMPIS

11 — **Chemin dans la forêt.**

FRAGONARD

(ALEXANDRE)

12 — **Mirabeau répondant au marquis de Dreux-Brézé aux Etats généraux, à Versailles.**

FRAGONARD

(ALEXANDRE)

13 — **Boissy d'Anglas saluant la tête du représentant Féraud, à la Constituante.**

FRAGONARD

(ALEXANDRE)

14 — Intérieur.

Scène tirée de Shakespeare.

FRAGONARD

(THÉOPHILE)

15 — La Justice.

FRAGONARD

(THÉOPHILE)

16 — La Famille d'Arlequin.

FRAGONARD

(ALEXANDRE)

17 — Raphaël dessinant une Vierge et l'Enfant.

FRAGONARD

(ALEXANDRE)

17 *bis* — Le Flot poursuivant le Ravisseur.

FRAGONARD

(ALEXANDRE)

17 *ter*. -- Le Guet-apens.

FRANCK

18 — **L'Assomption de la Vierge.**

Peinture sur cuivre.

GIGANTI

19 — **Les Ruines du temple de Pestum.**

GIGANTI

20 — **Pèlerinage en Italie.**

GRANET

(Attribué à)

21 — **Ruines.**

GRECCO

22 — **Saint Martin faisant l'aumône.**

GRECCO

23 — **L'Annonciation.**

GRECCO

24 — **Saint en prière.**

GUARDI

(Genre de)

(DEUX PENDANTS)

25 — **Vue de Venise. — Maison italienne au bord
d'un cours d'eau.**

Bonne et spirituelle peinture.

GUASPRE POUSSIN

26 — **Paysage.**

HALS

(DIRCK)

27 — **Les Joueurs de cartes.**

HILDEBRANDT

(G.)

28 — **Enfants de pêcheurs sur une plage.**

JONGKIND

29 — Embouchure de la Seine (marine).

Signé et daté 1843.

LOTTIER

30 — Marine.

LOTTIER

31 — Marine.

Effet de clair de lune.

LOTTIER

32 — Marine.

LAVIEILLE

33 — La Moisson.

LE PRINCE

(XAVIER)

34 — Plage et Marine.

LE PRINCE

(XAVIER)

35 — Portrait de M. le baron Taylor, capitaine d'artillerie de la garde royale, aide de camp du comte d'Orsay (1818).

LOBIN

36 — Portrait de M. le baron Taylor dans sa bibliothèque (1840).

LOBIN

37 — Le Chasseur égaré.

MAYER

38 — Château en ruines au bord de la mer.

MONTHELIER

(DEUX PENDANTS)

39 — **Intérieur d'église.**

MURILLO

(D'après ESTEBAN)

40 — **Portrait du maître.**

MURILLO

(D'après)

41 — **L'Assomption de la Vierge.**

MURILLO

(D'après)

42 — **Portrait du maître.**

NORBLIN

42 *bis* — **Saint Louis priant au tombeau de sa mère.**

NOUVEAUX

(DEUX PENDANTS)

43 — **Marines.**

PARIS

44 — **Le Troupeau effrayé.**

PICOT

45 — **Portrait de M. le baron Taylor à l'âge de 18 ans.**

PICOT

46 — **Le Désespoir d'une mère.**

PITLOO

(1832)

47 — **Vue du golfe de Naples.**

RENOUX

48 — **Eglise en ruines.**

RICHARD

(THÉODORE)

49 — **Paysage coupé par une rivière.**

RONMY

50 — **Site d'Italie avec Cavalier.**

RONMY

51 — **Intérieur de cloître.**

ROTTENHAMER

52 — **La Vierge et l'enfant Jésus.**

Peinture sur fond d'or.

SMARGIASI

53 — **Bateaux de pêcheurs.**

SMARGIASI

54 — **Le Golfe de Naples.**

SMARGIASI

55 — Bateaux de pêcheurs au bord du rivage.

SMARGIASI

56 — Ruines au bord du golfe de Naples.

SMARGIASI

57 — Un Coricolo.

VÉLASQUEZ

(d'après)

58 — Personnage du XVII° siècle.

VELASQUEZ

(Attribué à)

59 — Petit portrait de l'artiste.

Peinture sur cuivre.

VERVLOET

60 — **Eglise de Saint-Giovanni, à Naples.**

ZURBARAN

61 — **Une procession.**

ZURBARAN

(Genre de)

(DEUX PENDANTS)

62 — **Saint Anthelme et saint Bruno.**

ZURBARAN

(D'après)

63 — **Moine en prières.**

ÉCOLE ESPAGNOLE

64 — **Paysage.**

ÉCOLE ESPAGNOLE

65 — **Deux saints personnages.**

ÉCOLE ESPAGNOLE

66 — **Six petits portraits.**

ÉCOLE FRANÇAISE

(xviiie siècle)

67 — **La Marquise Duchatelet.**

ÉCOLE FRANÇAISE

68 — **Portrait d'un acteur.**

ÉCOLE HOLLANDAISE

69 — **Un Fou.**

ÉCOLE ITALIENNE

(DEUX PENDANTS)

70 — **Saint Jérôme et saint François.**

ÉCOLE ITALIENNE

71 — **Le Calvaire.**

ÉCOLE VÉNITIENNE

72 — **Saint Jean**.

ALAUX

73 — **Portrait de M. le baron Taylor (1809)**.

BLANCHARD

74 — **Portrait de M. le baron Taylor**.

Peint à Cadix en 1837.

BLANCHARD

75 — **Portrait de Dauzats**.

Séville, 1836.

AQUARELLES & DESSINS

ALAUX

75 *bis* — Une série d'aquarelles (22), sur Martin, de l'Opéra-Comique, dans ses principales créations, pour servir à la décoration d'un théâtre.

ALAUX

76 — Le Songe de Samuel.

Dessin au crayon noir, rehaussé de blanc, pour un concours à l'École des Beaux-Arts.

BELLANGÉ

(HIPPOLYTE)

77 — Charge de cavalerie. — Soldats de la garde consulaire. — Officier en inspection. — Grognard. — Napoléon Ier.

Cinq aquarelles.

BLANCHARD

78 — « **Las Ganaderias** » aux environs de Séville.
Aquarelle.

BOUCHOT

79 — **Gessler.**
Costume aquarelle.

BOUTON

80 — **Intérieur de cloître.**
Sépia.

CALOW
(W.)

81 — **Paysage anglais.**
Aquarelle.

CICERI
(EUGÈNE)

82 — **Palais en ruines.**
Aquarelle.

CICERI

(EUGÈNE)

83 — Tour au bord d'une rivière.

Aquarelle.

GICERI

(EUGÈNE)

84 — Vue d'Uterssen.

Crayon rehaussé de blanc.

CICERI

(EUGÈNE)

85 — Intérieur de forêt.

Crayon noir.

DAUZATS

**86 — Portrait de M. le baron Taylor en costume
oriental.**

Fait à Jérusalem en 1830.
Aquarelle.

DAUZATS

87 — Quarante aquarelles et sépias importantes.

Vues, monuments et costumes de l'Espagne et
du Portugal.

DURAND-BRAGER

(DEUX PENDANTS)

88 — Combats navals.

Crayon noir rehaussé de blanc.

DELACROIX

(attribué à)

88 bis — Guerrier Circassien.

Aquarelle.

FRAGONARD

(HONORÉ)

89 — Villa italienne.

Sanguine et sépia.

FRAGONARD

(ALEXANDRE)

90 — Le Coup de l'étrier.

Sépia.

CATREMOLE

90 *bis* — Intérieur d'église et tombeaux.

Aquarelle.

CATREMOLE

90 *ter* — Vue du Faubourg et de la porte St-Denis.

Curieuse aquarelle (1796).

COYPEL

(CHARLES)

90 *quater* — La Comédie italienne. 15 costumes.

Sanguine.

HÉROULT

91 — Le Jour du marché.

Aquarelle.

HUBERT

92 — Étude de plantes.

Sépia.

ISABEY

(EUGÈNE)

93 — Mer houleuse.

Crayon noir rehaussé de blanc.

JOHANNOT

(ALFRED)

94 — Le vicomte d'Antragues et Richelieu.

Tiré de Cinq-Mars.

Aquarelle.

ISABEY

(JEAN-BAPTISTE père)

Élève de David

94 *bis* — Charge de Nourrit père, dans le rôle de Colin, du *Devin du Village.*

Dessin aquarellé.

JOLY

95 — Le Pont du Diable.

Sépia.

LOBIN

96 — Paysanne italienne secourant des religieux.

Aquarelle.

MAYER

97 — **Embarcation royale.**

Sépia.

NICOLLE

98 — **Vue du Tibre et de la coupole de Saint-Pierre.**

Vue du Tibre, du côté de la Julia.

Deux aquarelles.

OUVRIÉ

(JUSTIN)

99 — **Vue de Twikenham,** résidence du roi Louis-Philippe en Angleterre (1838).

Aquarelle.

OUVRIÉ

(JUSTIN)

100 — **Village normand.**

Aquarelle.

OUVRIÉ
(JUSTIN)

101 — **Maisons et châteaux au bord de rivières.**

Cinq aquarelles.

OUVRIÉ
(JUSTIN)

102 — **Deux aquarelles et deux sépias** dans le même cadre.

OUVRIÉ
(JUSTIN)

102 *bis* — **Sépias et Aquarelles** dans le même cadre.

PILS

103 — **Le Campo Vaccino, à Rome.**

Aquarelle.

RENOUX

1(4 — **Porte de ville.**

Mine de plomb.

VAUZELLE

105 — Environ cinquante aquarelles.

Ruines, paysages, architecture.

VIANELLI

106 — Intérieur de sacristie.

WATTIER

(ÉMILE)

107 — Jeune fille dessinant à la lumière.

Crayon noir rehaussé de blanc.

ÉCOLE FRANÇAISE

(DEUX PENDANTS)

108 — Paysages.

Gouaches.

109 — Environ trois cents sépias par les artistes
suivants : Alaux, Athalin, Blanchard, Bouton,
Eg. Ciceri, Coignet, Fragonard, Picot, Granet,
Isabey, Mayer, Michalon, C. Nanteuil, Nouveaux,
Ouvrié, Sabatier, Sagot, Thiénon, Vauzelle, Ville-
neuve.

110 — Trente albums de croquis

Faits en Espagne, Italie, Asie-Mineure, Grèce,
Egypte, par Dauzats, Blanchard, Mayer, O. Gué.

s. n.   1 album — 15
100 des.   250
21 mecs   27
4 dess   10
2 aq. an   14
. Dess   32

111 — Un Album de dessins et aquarelles,

> Par Justin Ouvrié, Dauzats, Baptiste, Hirsch-
> viller, Villeneuve, Nouveaux, Granet, Joly, Cicéri,
> Taylor, de Borny, Athalin, Jorand, Daguerre,
> Vauzelle, Lobin, Cordouan, Durand, Thiénon.
> Environ quatre-vingts sujets.

112 — Environ vingt lithographies d'Horace Vernet, Ingres, Dorsay.

113 — Album chiffré,

> Contenant cent aquarelles et dessins de Pradier,
> Gudin, Justin Ouvrié, Blanchard, Lessore, Gué,
> Vauzelle, Anastasi, Taylor, Johannot, Fragonard,
> Cordouan, Mayer, Alaux, Picot, Daguerre, Granet,
> Doussault, Villeneuve, Viollet-le-Duc, Girard,
> Dauzats, Nouveaux, Hirschwiller, Lobin, Baptiste.

114 — Environ cinquante gravures,

> D'après Léonard de Vinci, Raphaël, le Guide,
> Girodet, Delaroche, Gros, Gérard, Prud'hon
> Léopold Robert, Cogniet.

BAUDRY

115 — Le Jugement de Pâris.

> Esquisse.

DAUZATS, MAYER

116 — Cent cinquante sépias

Ayant servi à établir les planches gravées des Voyages en Syrie et en Égypte du baron Taylor (1829).

BLANCHARD, O. GUÉ

117 — Vingt sépias

Ayant servi à établir les planches gravées du Voyage en Espagne du baron Taylor (1838).

118 — Un Portefeuille maroquin rouge,

Contenant une collection de photographies artistiques.

GUÉ

(OSCAR)

119 — Six aquarelles.

Uniformes de cosaques (1814).

PASTELOT

120 — Paysage.

> Pastel.

121 — Maquettes de décors pour le théâtre du Panorama dramatique (1815).

122 — Un lot Albums et Gravures de Callot et Scènes de la « *Plaza de Toros* ».

123 — Divers lots gravures anciennes et modernes.

124 — Sous ce numéro seront vendus de nombreux tableaux, dessins et aquarelles non catalogués.

OBJETS DE CURIOSITÉ

PORCELAINES

125 — Deux beaux vases en forme de balustre en ancienne porcelaine de Chine, fond bleu fouetté, avec réserves contenant des fleurs et des chimères en bleu et rouge de cuivre. Belle qualité.

126 — Deux petits flacons en ancienne porcelaine du Japon, à décor de fleurs en bleu, rouge et or.

127 — Quantité de vases en terre de diverses provenances et époques.

ARMES

128 — Petit mousquet à rouet, avec batterie et canon gravés et dorés, et monture enrichie d'incrustations de nacre et d'ivoire gravé.

129 — Morion saxon en fer gravé, doré en partie, décoré de médaillons de cavaliers et de bandes d'ornements. Il a conservé sa garniture, ainsi que ses attaches à têtes de lion et porte les armes de Saxe. xvi siècle.

130 — Main gauche à garde, repercée à jour.

131 — Sabre turc à lame courbe, en damas avec garniture en cuivre doré.

132 — Diverses épées à gardes variées de formes. Ce lot sera divisé.

133 — Lot d'armes espagnoles, parmi lesquelles quelques espingoles.

134 — Quantité d'armes orientales et des îles de l'Océanie. Lot de haches en silex, en jade, basalte, etc.

OBJETS VARIÉS

135 — Christ en ivoire finement sculpté du temps de Louis XIII. Il est placé dans un cadre carré, plaqué d'écaille rouge à bossettes et garni de moulures et d'ornements en bronze doré.

136 — Diverses sculptures sur albâtre du xvie siècle.

137 — Quelques divinités bouddhiques en bois laqué, et autres.

138 — Lot de statuettes en bronze d'après l'antique.

139 — Manuscrit thibétain.

140 — Cadre en bois sculpté et doré du temps de Louis XIV, pour crucifix.

141 — Mortier en bronze du xviie siècle.

142 — Lot de pièces diverses antiques, en bronze.

143 — Nécessaire de voyage.

144 — Quantité d'objets de vitrine, tels que : médailles, sculptures en ivoire, montres, divinités égyptiennes, cuillers du xve siècle en argent, etc.

145 — Plaques de cheminée en fonte du xviii siècle.

146 — Quantité d'objets en cuivre battu et repoussé, de travail oriental.

147 — Lot de cartes et plans des xviie et xviiie siècles.

148 — Lot de médailles, bronze d'après les marbres de Lord Elgin.

149 — Calendrier latin, offrant tous les signes astronomiques en rouge et noir, avec le nom des saints et l'indication des fêtes de l'Église grecque.

Ecriture du xvie siècle, provenant d'un couvent du mont Liban.

Petit volume de format in-32, reliure du temps, dans un étui, manuscrit sur vélin très curieux.

150 — Seau en cuivre du couvent célèbre de Montserrat en Catalogne.